AF243621

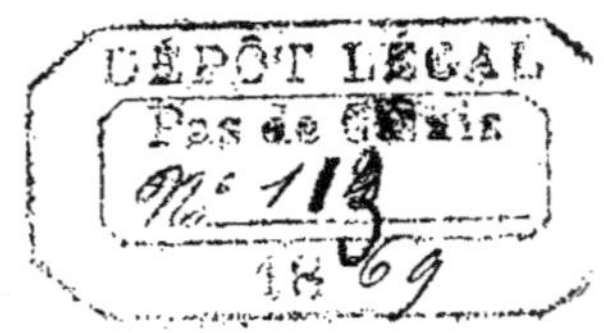

LES GROS PÉCHÉS

DU SECOND EMPIRE.

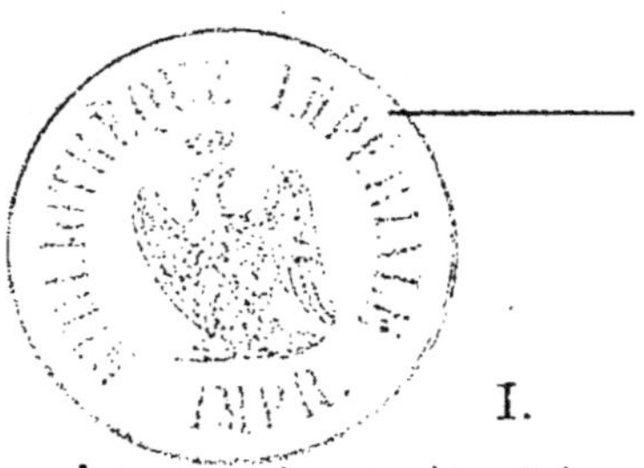

Fiat lux !

I.

Si un homme à esprit sérieux et à conscience bien trempée s'était endormi d'un léthargique sommeil sur la fin de 1855, c'est-à-dire au lendemain des événements de Crimée, — événements qui donnèrent au monde entier une si haute idée du patriotisme français et du génie politique de Napoléon III, — si, disons-nous, un homme s'était endormi alors pour se réveiller de nos jours, l'impression qu'il ressentirait en ouvrant un de ces journaux se décorant du titre d'organes de l'opposition ne serait-elle pas celle-ci ? :

« Quoi ! cet homme que nous avons vu porté aux
» nues par la presque unanimité de la nation ; cet
» homme renommé, sans conteste, politique de premier
» ordre pour avoir su isoler le colosse russe, et arrêter
» sur la mer Noire, sur l'Orient, sur la civilisation les
» envahissements du despotisme, c'est-à-dire de la
» barbarie ; cet homme, qui déjà avait sauvé la France
» de l'anarchie, qui avait raffermi l'ordre public, cica-
» trisé des plaies faites par le fanatisme insensé et la
» haine aveugle ; cet homme n'était donc qu'un pâle
» ambitieux sans idées arrêtées, sans conceptions pra-
» tiques, sans valeur réelle ?

« Il a compromis les finances de l'Etat dans des ex-
» péditions lointaines, dans des démolitions inoppor-
» tunes ; il a laissé affaiblir le prestige national par
» une coupable inertie en 1866 ; il a brisé les ailes de
» la liberté, baillonné la presse, paralysé l'élan du
» commerce et de l'industrie, en enlevant aux cam-
» pagnes, aux manufactures douze cent mille hommes
» jeunes et vigoureux ; par des candidatures officielles,
» il a rendu impossible tout contrôle sérieux de la ges-
» tion des deniers publics…. cet homme que l'on pré-
» tendait être un géant n'était donc qu'un pygmée ? »

N'est-ce pas là ou à peu près l'impression qui serait

ressentie à la lecture du premier numéro venu d'un journal de l'opposition?...

En présence donc des attaques auxquelles le Gouvernement impérial est en butte depuis quelque temps, — attaques qui n'ont d'égales que la malveillance qui les suscite, — nous avons cru qu'il était du devoir de tout bon citoyen de passer au creuset de la conscience et du bon sens ces actes importants que l'on est convenu de nommer en certains endroits *les gros péchés du second Empire*, et que nous regardons, nous, comme des titres incontestables de patriotisme, de prévoyance et de génie.

II.

Le premier acte important de la politique extérieure du second Empire, chacun le sait, a été la guerre de Crimée. Jusque dans ces derniers temps, on avait été à peu près unanime en France pour classer cette expédition parmi les plus glorieuses et les plus nécessaires. C'est que l'esprit de parti, c'est que la haine du pouvoir établi n'avaient pas encore osé s'élever à un niveau assez extrême pour faire trouver mauvais ce qui était de toute justice, et impolitique ce qui répondait admirablement au sentiment national. On avait compris alors que laisser le czar poser sa botte éperonnée sur le cadavre de l'empire turc, comme il l'avait fait sur les chairs pantelantes de la malheureuse Pologne, c'était assumer sur soi, devant l'histoire, la complicité de la plus inique des spoliations ; c'était faire preuve de lâcheté ou d'incurie ; c'était aussi, à un autre point de vue, faire de la Méditerranée un lac russe, et donner par cela au géant deux bras au lieu d'un. On avouait donc qu'il avait été de l'intérêt comme de la dignité de la France de dire au czar comme Dieu à l'Océan : « Tu n'iras pas plus loin ! »

Voilà ce qu'on avait compris partout en 1853 et dans les années qui suivirent.

Depuis, il s'est fait en certains lieux de profondes modifications dans les idées. On a senti le besoin de n'être plus de l'avis de tout le monde, de jeter le plus d'ombre possible sinon de boue sur les tableaux le mieux réussis.... On revint donc, timidement d'abord, mais on revint sur les événements de Crimée.

Ah ! si l'on s'était levé en face de l'opinion publique et qu'on fût venu lui crier :

Non, je ne pense pas comme toi !... non, je ne croirai jamais qu'il a été beau pour Napoléon III, d'arrêter en Orient les envahissements de la Russie. Il fallait laisser Nicolas continuer paisiblement la politique traditionnelle des Czars, occuper Constantinople et ruiner les intérêts français en Syrie, en Egypte, partout.

Ah ! disons-nous, si l'on était venu parler ainsi à l'opinion publique, il n'est pas douteux qu'elle n'eût accueilli par le mépris un tel langage. On fut beaucoup plus adroit sans être moins injuste, on dit ou à peu près :

Votre expédition de Crimée était à demi-opportune, nous le reconnaissons bien volontiers : vous voyez que nous sommes de bonne foi.

Et un peu plus loin, — pour démontrer cette bonne foi, que l'on a grand soin de proclamer à chaque page des journaux et des brochures, comme si l'on devinait que parfois elle peut être fort sujette à caution, — un peu plus loin, disons-nous, on additionne bruyamment les budgets et les emprunts des dix-sept dernières années, afin de trouver dans ces chiffres un argument irréfutable contre la bonne administration du gouvernement impérial, et on se hâte de faire figurer dans ces additions... les sommes dépensées pour la guerre d'Orient !

Ainsi, d'un côté, on donne une timide absolution ; on trouve le but presque opportun; de l'autre, on trouve criminels et abominables les moyens.

Mais la logique, allez vous dire, mais la conscience ?

Allons donc ! s'arrête-t-on pour si peu ! Ce qu'il faut, c'est trouver des fautes à l'Empire, aussi, tout ce qui offre l'ombre d'un argument contre lui est immédiatement mis en réquisition.

Du reste, ces ardents reproches, ces dénonciations à la vindicte publique sont logiques aussi, très-logiques. N'y a-t-il pas des hommes qui, avant d'être français, sont légitimistes, ultramontains, humanitaires, révolutionnaires, cosmopolites : il est rationnel, en ce cas, que ces personnages voient les actes du gouvernement à travers la haine qu'ils lui portent, à travers la douleur —pour ne pas dire plus,—qu'ils ressentent de voir leurs espérances si longtemps irréalisées, et, espérons-le, irréalisables.

Chacun voit avec ses idées fixes : voilà pourquoi la campagne d'Italie a été et est encore si diversement appréciée.

Vous tenez, je le suppose, à avoir le cœur net sur cette campagne mémorable à plus d'un titre. Pour cela, vous ne voyez rien de mieux que de recueillir les opinions. Vous vous adressez d'abord à un ultramontain aveugle ou à un légitimiste.

Il vous dira :

Sans doute, la France avait intérêt à aller en Italie ; mais elle s'est trompée du tout au tout quand elle a cru devoir s'attaquer à l'Autriche. L'ennemi n'était pas sur le Mincio ; il était à Turin, à Chambéry, à Nice, à Gênes ; l'ennemi n'était pas la maison de Hapsbourg, mais celle de Savoie. Oui, il fallait aller en Italie, mais pour raffermir les trônes des princes, pour les mettre à l'abri de la voracité de la Révolution et de Victor-Emmanuel, pour rétablir sous le sceptre paternel du saint Vieillard du Vatican, les Marches et l'Ombrie. Voilà ce qui eût été réellement beau, réellement grand !... Voilà quel aurait dû être le rôle de la France, rôle seul convenable, seul glorieux, seul digne de la grande nation de saint Louis. Mais ou ne l'a pas compris ; ou, si on l'a compris, on a mieux aimé donner les mains à la Révolution... Je vous dis que la campagne d'Italie est une honte !...

Et alors, essayez de rappeler tout ce que l'Empereur a fait pour la papauté ; montrez-le signant la paix avec l'Autriche aussitôt qu'il a vu que des passions subversives allaient se faire jour ; aussi vite qu'il a soupçonné que le but qu'il se proposait allait être dépassé, que les évenements peut-être domineraient sa volonté, montrez les sages stipulations du traité de Zurich dédaignées par ceux-là même qu'elles devaient protéger ; dites avec quelle attention, avec quel dévouement Napoléon III a veillé et veille encore sur le Saint-Siége... parlez de la seconde expédition romaine, du fameux *jamais* de M. Rouher, et votre interlocuteur secouera la tête, serrera les poings, et vous répétera sa ritournelle :

Je vous dis, moi, que la campagne d'Italie est une honte !...

Mais, pensez-vous avec raison, si la campagne d'Italie, aux yeux du légitimiste et du clérical, est une honte pour la France, quant aux résultats obtenus, elle doit être une gloire bien radieuse aux yeux du républicain et du révolutionnaire cosmopolite.

Adressez-vous à eux.

Monsieur, vous dira le partisan de la république, jamais Napoléon III n'a été mieux inspiré qu'aux débuts des événements de 1859 : briser les chaînes de l'Italie ; de l'Italie la belle, la douce, la martyre !... de l'Italie cette sœur jumelle de la France, cette passion ardente de Manin, c'était la plus magnifique des pensées, la plus généreuse et la plus légitime des résolutions ! Aussi, quel élan ! quel enthousiasme ! Mais il ne fallait pas s'arrêter en route. Après avoir annoncé solennellement que l'Italie serait libre des Alpes à l'Adriatique, il n'était ni beau, ni digne de s'arrêter à la moitié du programme Après Solférino, il fallait marcher ; il fallait rejeter les Autrichiens du quadrilatère, et se rabattre ensuite sur Rome, pour rendre à l'Italie sa capitale naturelle Il fallait faire l'Eglise libre dans un Etat libre, suivant la remarquable parole de M. de Cavour. Voilà ce qui était convenable ; voilà ce qui était juste ; l'a-t-on fait ?... La campagne d'Italie a été ni plus ni moins que la montagne de La Fontaine accouchant d'une souris ....

Le partisan de la Révolution cosmopolite sera plus irrité encore. Citoyen, vous dira-t-il, — l'air rechigné et le ton bourru, — puisque *votre* Empereur un jour a cru convenable de venir à nous, il fallait qu'il y vînt franchement : qu'il rejetât les Autrichiens au delà du Tyrol ; qu'il rappelât ses troupes de Rome, et expulsât de cette ville le prêtre qui y règne et la souille de sa présence ; mais il ne fallait pas qu'il maintînt en Italie au mépris du droit des gens et par des baïonnettes françaises ou mercenaires le plus inique comme le plus vermoulu des gouvernements... Du reste, nous ne devons rien à Napoléon III : la Révolution est assez forte pour n'avoir besoin que d'elle !. .

Oui, penserez-vous, assez forte avec le poignard et les bombes Orsini !...

Maintenant que vous avez interrogé, maintenant que vous avez entendu pouvez-vous, au nom des véritables intérêts français adopter aucune de ces conclusions qui vous ont été données comme le *sine quâ non* du patriotisme réel, et de la politique de haut bord ?... Vous découvrez facilement, n'est-ce pas, que ce ne sont là que des arguments de partis. Vous comprenez que c'eût été faire descendre notre pays aux proportions les plus mesquines, que de le mettre à la remorque de l'une de ces fractions égoïstes et rancunières de l'opinion.

L'Empereur devait se placer à un point de vue bien plus élevé que celui du terre à terre de ces partis.

Il voyait appuyée sur la France, comme une sœur cadette sur sa sœur aînée, une nation dont le passé resplendit dans l'antiquité semblable à un phare dans la nuit sombre. Cette nation, autrefois grande par ses vertus et par ses hommes, cette *magna parens virum* qui montrait avec orgueil ses patriotes, ses orateurs, ses poètes, les travaux géants qu'elle a accomplis, gémissait alors sous l'oppression autrichienne et méritait nos puissantes sympathies par ses douleurs et ses élans vers la liberté.

Lui tendre la main, l'aider à remonter au rang des nations libres et fortes, c'était généreux et humain ; c'était politique aussi : car l'Italie, puissante et heureuse par la France, devait—il est bien permis de le croire— conserver à sa bienfaitrice une reconnaissance sans bornes.

Puissante !

La puissance implique la liberté : la France franchit donc les Alpes et s'avance vers le Mincio.

Puissante et heureuse !

La puissance et le bonheur impliquent l'apaisement des passions, le terme des divisions intestines, l'homogénéité de vues, de volonté, de dévouement : l'Empereur ne néglige rien pour doter l Italie de ces éléments de vitalité...

Mais sur cette terre de soleil et de fleurs, comme autrefois dans le jardin de délices de la Genèse, le principe du mal avait fait une sinistre apparition. Les théories verbeuses, égalitaires, allaient fausser les idées, remplacer les aspirations légitimes et honnêtes, semer le trouble la désunion Au lieu de la sage liberté, au lieu de la puissance qu'on était en droit d'espérer, on allait être forcé de compter avec le socialisme, l'impiété, le désordre ! Ce n'était déjà plus la cohésion et la sagesse qui font la force : c'étaient les dissolvants qui ruinent, les enthousiasmes fébriles qui égarent et mènent quelquefois jusqu'au crime.

L'Empereur jugea convenable de s'arrêter.

Sera-ce vous, homme de saine raison, homme d'ordre, vous que l'esprit de parti ne rend pas injuste, qui lui en ferez un crime ?

Non : ce seront ces détracteurs quand même de l'Empire, ces détracteurs qui veulent à tout prix pêcher dans les eaux troubles des révolutions que l'Empire et sa gloire offusquent, qui espèrent s'élever sur des ruines et qui, semblables à des ambitieux, mettraient le feu aux quatre coins du monde pour assouvir l'ardeur de leurs passions.

On vous connaît, on sait ce que vous voulez ; on peut vous dire que sous le masque de Brutus vous n'êtes que de pâles héros de comédie, et emprunter à un auteur célèbre son mot profond : Vous êtes orfévre, Monsieur Josse !

Ce sont ces gens là qui, à propos des guerres de Crimée et d'Italie, crieront à l'Empire :

Vous ne faites preuve que d'imprévoyance, !... Vous affaiblissez le prestige national !... Vous compromettez les capitaux du pays par une légéreté inconcevable !... N'avez-vous donc nul souci du sang de nos soldats, et des épargnes de nos ouvriers ?...

A l'occasion de la guerre du Mexique, n'avons-nous pas entendu répéter mille fois ces accusations ? N'entendons-nous pas encore tous les jours prétendre que cette guerre a été quelque chose de monstrueux, d'impolitique, de fou, disons le mot ; qu'elle a fourni aux annales du second Empire une des pages les plus sombres, après avoir fait à la France une de ses périodes les plus néfastes ? ..

Reconnaissons d'abord que le succès n'a pas couronné nos efforts, mais voyons qui doit être responsable de l'issue fatale des événements.

Voyons si ces blâmes excessifs ont leur raison d'être.

Chacun connaît les circonstances qui ont porté l'Empereur à intervenir au Mexique. Nos nationaux attendaient en vain d'un gouvernement inique justice et indemnités de torts qui leur avaient été faits, au mépris, non-seulement des relations internationales, mais même au mépris des principes les plus simples, les plus légitimes, les plus sacrés du droit des gens.

Dans de telles conditions, fallait-il aller en Amérique ?

Oui, car, quelque soit le lieu où un Français a planté sa tente : aux pôles, aux tropiques, comme dans les pays limitrophes de la France, la Mère-Patrie lui doit aide, protection, justice.

Oui, car la France ne doit laisser sans réponse aucune insulte, aucun dédain, aucun mépris à son adresse, et cette position critique faite à nos nationaux, cette position faite à notre pays, étaient, de la part du gouvernement mexicain, une ironie permanente, comme une insigne de mauvaise foi.

Oui, il fallait aller en Amérique au nom du droit, au nom du devoir, de la justice, au nom de l'honneur national.

Et vous, qui prenez plaisir à venir à chaque instant jeter à la face de nos députés comme de nos gouvernants, ces affaires du Mexique, que vous affectez de croire un péché irrémissible ; vous, qui connaissez si bien, maintenant que les faits ont parlé, quelle aurait dû être alors la politique à tenir, hé bien ! si l'Empereur avait adopté une règle de conduite autre que celle qu'il a cru devoir suivre, vous n'auriez pas assez d'outrages pour flétrir, — et cette fois vous seriez dans le vrai, — pour flétrir ce que nous appellerions sa prudence, et ce que vous désigneriez, vous, par un terme bien autrement expressif.

Ce serait certainement alors que vous enfleriez la voix, que vous prendriez des poses d'accusateurs publics, que vous viendriez demander au gouvernement un compte rigoureux de son inaction.

Répétons donc :

Oui, il fallait aller en Amérique : car les dépenses se soldent ; car le sang versé se pleure mais se renouvelle ; car les héros tombés pour la justice, pour l'honneur national engendrent des légions de héros nouveaux ; car surtout la honte reste comme un stigmate flétrissant au front des peuples.

Pour ma part, je remercie l'Empereur de n'avoir pas infligé à mon pays cette souillure éternelle d'une lâche reculade ou d'une méprisable inertie.

Voyons maintenant quand il fallait revenir.

Pas avant certainement que le gouvernement mexicain fût organisé de manière à empêcher de se reproduire les causes qui avaient motivé notre expédition ; pas avant que l'on fût en présence d'un pouvoir régulier assez fort pour imposer sa volonté, pour diriger les événements et non les subir, pour dominer ces fluctuations d'opinions si fréquentes dans cette contrée, où les têtes comme le sol sont en ébullition permanente ; pas avant que nous fussions en présence d'une représentation nationale assez honnête pour permettre à la France de traiter avec elle !...

On a dit : Il y avait Juarez et le gouvernement républicain !

Juarez !... le gouvernement républicain !... Mais ces noms n'étaient-ils pas pour nous synonymes de mauvaise foi insigne ! Mais n'était-ce pas pour punir cet homme, pour punir ce gouvernement, que nous étions à Mexico ! Et on aurait voulu qu'au lendemain des événements heureux qui venaient de nous donner des milliers de lieues de pays, alors que tout nous souriait, que les bonnes dispositions des peuples nous acclamant comme leurs libérateurs nous autorisaient à concevoir les plus magnifiques espérances pour l'avenir du Mexique et pour nos relations commerciales, l'on aurait voulu nous voir entrer en pourparlers avec un homme avec un gouvernement tarés ?

Traiter avec Juarez ! avec le gouvernement républicain ! Non, non : il fallait les laisser, comme on l'a fait, au ban de l'honneur et de la loyauté où ils s'étaient mis ; il fallait n'avoir rien de commun avec eux : la France se respectant trop pour apposer sa signature à côté de celle de gens qui s'étaient respectés si peu.

Cependant, il était indispensable que le Mexique adoptât, dans un bref délai, une forme quelconque de gouvernement.

L'Empire fut donc résolu...

Parmi les reproches que l'opposition a adressés à Napoléon III, sur les affaires du Mexique, ceux qui concernent l'établissement de cet empire ont été les plus acerbes comme les plus répétés. Pourtant, n'était-il pas logique, puisque nos troupes ne pouvaient revenir qu'après que des garanties réelles auraient été assurées pour l'avenir de nos concitoyens et de notre commerce, puisque la dignité de la France interdisait de traiter avec le dernier des gouvernements, n'était-il pas logique, disons-nous, que l'on pensât à établir un pouvoir nouveau ?

Quand même donc Napoléon III ne se fût laissé influencer pour la création de l'Empire mexicain que par les seules raisons que nous venons de mentionner, plutôt que de développer, il serait absous et approuvé par tous les esprits impartiaux.. Mais, qui nous dit que des raisons d'un autre ordre ne sont pas venues aussi peser sur sa détermination.

Il y a sixante ans environ, Napoléon Ier eut la pensée, assure-t-on, d'attaquer l'Angleterre, son ennemie mortelle, non en Europe, où elle était alors inexpugnable, où, par son or et son astuce, elle savait échapper aux assauts les plus héroïques ; mais au sein même de ses possessions, de ses trésors, de sa puissance réelle, dans l'endroit où elle était le plus vulnérable : dans l'Inde !

Pour notre part, nous n'avons jamais entendu prétendre que cette pensée de Napoléon Ier dût être reléguée au nombre des conceptions mesquines, impolitiques, misérables.

Depuis longtemps, l'Angleterre a cessé d'être l'ennemie-née de la France ; mais il y a en Europe une nation qui, par sa position géographique, par ses agrandissements possibles, par ses institutions, est appelée, si on n'y prend prend garde, à jouer un rôle considérable, à tenir en échec la civilisation :

Nous avons nommé la Russie.

Consultez tout homme sérieux ; allez plus loin, consultez les journaux de l'opposition, même de l'opposition radicale, et vous ne rencontrerez personne, vous ne rencontrerez nul journal, qui ose vous dire qu'il n'est pas de l'intérêt comme de l'honneur de la France de rester en face de la Russie ; de s'opposer au développement de sa puissance déjà énorme... partant, qu'il est politique de contrarier les alliances qu'elle pourrait former.

Ces alliances ne sont pas trop possibles en Europe : l'intérêt général des peuples s'y oppose. Si elles s'y formaient, ce ne serait que momentanément, et en vue de conceptions de détails ; mais ces alliances, un jour ou l'autre, peuvent être tentées en Amérique.

Déjà, l'opinion, quelle que soit la nuance de son drapeau, s'émeut du rapprochement sensible observé entre Saint-Pétersbourg et Washington. C'est que l'opinion sait fort bien que le jour où la Russie et les Etats-Unis seront en pleine communion d'idées ; le jour où leurs millions de soldats pourront se donner la main, fraterniser, et se répandre ensuite sur l'Océan, sur le vieux continent, l'heure du danger le plus terrible aura sonné.

Il nous semble que cette situation probable de l'Europe, à une époque plus ou moins rapprochée, a dû se présenter plus d'une fois, avec ses conséquences désastreuses, à la pensée si profonde et si lumineuse de Napoléon III ; il nous semble que quand l'Empereur s'est vu maître des destinées du Mexique, — maître à l'époque la plus favorable, puisque les États-Unis se mutilant dans une guerre fratricide avaient bien assez de leurs propres affaires sans s'occuper de celles d'un peuple voisin, — il nous semble qu'il a dû se dire :

Si à deux pas des Etats de l'Union un empire pouvait se fonder, grandir, prospérer sous un prince entreprenant, sous un descendant de famille régnante d'Europe, cet empire, si besoin arrivait jamais, donnerait assez à réfléchir aux Yankees pour éloigner d'eux toute idée d'ingérence dans les affaires du vieux continent...

Hé bien ! cette fondation d'une puissance de premier ordre au Mexique, fondation d'où résultait forcément l'impossibilité de l'alliance russo-américaine, et par conséquent l'isolement de la Russie, vous semble-t-elle, à vous qui n'avez ni tribune ni journaux, mais qui avez la conscience et le bon sens, une pensée absurde, impolitique, révoltante ?

Comprenez-vous autrement que par la passion, le parti-pris, l'opposition systématique, ces clameurs qui ont résonné et qui résonnent encore à l'occasion des événements d'Amérique ?

Et maintenant, lorsque le plus fort de l'œuvre était accompli, lorsque cet empire du Mexique était fondé, lorsque notre sang généreux avait répandu ses glorieuses semences, qu'est-il arrivé ?

Si les balles des partisans de Juarez arrivaient, comme on vous l'a dit, dans les plis des journaux de l'opposition, pour frapper au cœur nos braves soldats, les clameurs de cette opposition ébranlaient en France, les convictions les plus honnêtes et les plus respectables

L'opinion hésitait et s'effrayait des sacrifices prolongés de cette grande entreprise dont elle ne mesurait peut-être pas toute la glorieuse portée, et douloureusement arraché aux grandes conceptions de sa pensée patriotique, l'Empereur qui ne voulait pas heurter cette opinion qui semblait l'abandonner..... se retira du Mexique.

On sait le reste. Un grand crime, un grand deuil se sont accomplis.

Mais voyez la logique des partis !

Si, éclairé et rendu, peut-être, trop prudent par l'issue cruelle des événements du Mexique, le gouvernement hésite à s'engager dans la grande lutte qui divise l'Autriche et la Prusse, voilà que tout change aussitôt.

Il ne fallait pas intervenir là ou nos intérêts directs, la où nos nationaux étaient personnellement en cause. Mais dans cette querelle allemande pourquoi donc sommes nous restés l'arme au bras ?

C'est là pour la politique extérieure du second Empire un dernier péché qui n'est pas le moins capital :

Sadowa !

Nous ignorons si les échos de la Prusse ont résonné beaucoup en 1854 et dans les années suivantes du nom glorieux pour nous de Sébastopol. Nous ignorons si Magenta, Marignan et surtout Solférino ont eu l'avantage de rendre intarissable à notre louange la verve des journaux prussiens ; mais, ce que nous savons parfaitement, c'est que les hommes hostiles à l'Empire viennent à chaque instant jeter à la tête du pouvoir les événements d'Allemagne, comme de sa part actes d'impuissance ou d'incurie.

Voyons un peu ce qu'il faut accepter ou rabattre de ces accusations passionnées.

La France avait mené à bonne fin les deux grandes guerres de Crimée et d'Italie ; abaissé et affaibli deux grands peuples : les Russes et les Autrichiens ; elle avait pris l'engagement de rappeler ses troupes d'Amérique, nous avons vu pourquoi, mais elle n'avait rien à redouter ni en Europe ni ailleurs. Elle pouvait donc obéir à ce sentiment pacifique, exprimé avec tant d'énergie par tous les organes de l'opinion, et laisser les expéditions guerrières que rien ne motivait plus, pour se consacrer entièrement au développement, nécessaire, aussi de sa puissance intérieure.

Devait-elle revenir brusquement sur sa détermination, rentrer dans les hasards d'une guerre nouvelle ?

Précisons :

Devait elle, oui ou non, prendre fait et cause pour l'une des deux puissances allemandes qui s'apprêtaient à se déchirer ?

Nous ne balançons pas à dire : Non! Et voici ce qui nous y porte :

Si la France s'alliait avec l'Autriche, elle jetait par cela même la Prusse dans les bras de la Russie ; elle s'aliénait l'Angleterre et l'Italie, et faisait d'un démêlé presque local, une querelle européenne et une guerre d'extermination.

Mais pour un tel bouleversement parmi les peuples, pour une telle hécatombe de bataillons, quels résultats pratiques notre pays devrait-il obtenir?

L'affaiblissement de la Prusse ! dira-t-on peut être : les limites du Rhin !

Pour que les limites du Rhin, — en admettant que ces limites soient indispensables à la grandeur comme au bonheur de la France, — pour que les limites du Rhin fussent possibles, ne fallait-il pas que la France et l'Autriche restassent continuellement triomphantes ? Ne fallait-il pas que la Russie et la Prusse revinssent au niveau où elles tombèrent après Iéna, Eylau et Friedland?. Outre qu'un tel résultat était fort problématique ; outre qu'une série continue de victoires ne pouvait pas seule être prévue, a-t-on bien réfléchi aux efforts surhumains qu'il aurait fallu tenter ; aux sacrifices énormes qu'il aurait fallu s'imposer?. . A-t-on vu les cadavres amoncelés les fleuves de sang précieux répandu ?... Et les trésors du pays prodigués avec une profusion vertigineuse ? Quel prix à l'affaiblissement de la Prusse !

Mais cet affaiblissement n'impliquait-il pas, d'ailleurs, celui de la France ? La moindre réflexion ne dit-elle pas que la Prusse et la Russie, sans compter les alliés qu'elles pouvaient trouver, allaient émailler l'Allemagne de sept ou huit cent mille soldats ? Hé bien ! pour réduire ces masses, il fallait sept ou huit cent mille hommes, tirés de France ou d'Autriche !

Sept ou huit cent mille hommes ! entendez-vous ? et

la plupart Français : car la France ne sait pas se mettre au second plan.

Et c'est vous, opposition, vous, qui paraissez si soucieuse du sang et des deniers de la patrie, vous, qui additionnez si bien les braves tombés, les capitaux engagés, les fautes ou les prétendues fautes commises, c'est vous qui venez faire un crime à l'Empereur d'avoir pensé au sang et aux deniers publics !...

Oui, c'est vous, et ce ne peut-être que vous : car il est de votre nature de jouer la partie adverse, de crier quand même. Qu'importe, n'est-ce pas, que le son soit toujours juste, que le diapason soit toujours consulté pourvu que l'on trouve satisfaction à la haine que l'on a vouée au pouvoir et... quelques badauds aux galeries pour applaudir !

Mais à ceux qui ne sont ni crieurs systématiques, ni badauds, le simple bon sens ne dit-il pas :

Nulles données certaines ne faisaient connaître les ressources de la Prusse dans la conduite d'une grande guerre, quand, au contraire, les preuves de l'Autriche avaient été faites en 1859 contre nous et l'Italie ; il était bien permis, en ce cas, à l'Empereur d'être de l'avis des neuf dixièmes pour le moins des hommes compétents et de croire fermement avec eux au triomphe final de l'Autriche. Et, en admettant encore que l'Empereur dût, en bon politique, concevoir des doutes sur les résultats de la campagne qui se préparait, lui était-il possible de croire ces résultats aussi rapides, aussi décisifs, aussi foudroyants qu'ils l'ont été.

Non ! il devait penser que les deux nations allemandes se porteraient des coups terribles et s'épuiseraient mutuellement. Hé bien ! ces coups, cet épuisement ne faisaient-ils pas le jeu de la France ?... ne grandissaient-ils pas sa prépondérance de tout ce qu'ils ôtaient de capitaux et de forces à des nations rivales ? Et, dans de telles conditions, quand toutes les conjectures, quand tous les raisonnements étaient pour la grandeur et partant pour la prédominance de la France ; quand la question d'Allemagne envisagée au triple point de vue de l'humanité, de la justice et de la politique conseillait l'abstention complète, l'Empereur se serait mêlé à une lutte effroyable et stérile ! mais s'il l'eût fait, il s'aliénait immédiatement cette portion, heureusement immense de ses sujets, pour laquelle l'honneur national n'est pas un vain mot ; l'humanité, une expression à effet ; les criailleries, un système.

Du reste, ces affaires d'Allemagne, qui vous servent à dénigrer la politique de l'Empereur, sont-elles réellement ce que vous les faites ? doivent-elles avoir pour la France et sa prépondérance en Europe des conséquences très-désastreuses ?

Nous ne le pensons point :

La Prusse sera longtemps le colosse de Nabuchodonosor ; moitié d'airain, moitié d'argile. Les annexions par intimidation, par baïonnettes, qui lui ont donné le territoire et le chiffre d'âmes, n'ont pu lui donner les volontés et les dévoûments. Elles ont laissé au fond des cœurs un vieux levain de rancunes, une profonde inimitié qui s'éteindra difficilement, inimitié qui serait bien plus considérable si, en France, l'opposition n'avait pas fait chorus avec les journaux prussiens, si elle n'avait pas exalté outre mesure le génie politique de M. de Bismark, si elle n'avait pas présenté continuellement la France comme avide de revenir sur les événements d'Allemagne : car, il ne faut pas l'oublier, les actes, quels qu'ils soient, ne sont que ce qu'on les fait, n'ont que la valeur qu'on leur attribue. La Prusse doit autant pour la place qu'elle occupe aujourd'hui en Europe, à l'exaltation exagérée qu'on fait de sa puissance, qu'à Sadowa lui-même.

Pour nous, qui ne savons pas faire preuve de patriotisme en jetant le doute dans les âmes, en dénaturant les actes les plus légitimes du Pouvoir, en abaissant notre patrie à des proportions de comparse et de figurant ; pour nous, qui ne savons pas examiner les actes des gouvernements étrangers à travers les loupes les plus favorablement grossissantes, ni vanter jusqu'au fanatisme les combinaisons les plus mesquines de cabinets rivaux ou hostiles, nous ne ferons jamais à la France l'injure de lui montrer la Prusse comme un épouvantail

Il est vrai que la Prusse a Sadowa dans ses annales ; il est vrai que ses arsenaux sont bien remplis, ses troupes bien exercées ; mais n'avons-nous rien, nous, dans nos annales ?... rien dans nos arsenaux, rien dans nos magasins ?... Sommes-nous descendus, petits-fils des preux du moyen-âge, fils des légionnaires de la République et du premier Empire, à un niveau tellement bas que nous connaîtrions maintenant la peur, que nous compterions nos adversaires ?...

Nul n'oserait le prétendre, n'est-ce pas ? Hé bien ! en ce cas, pourquoi cette exaltation perpétuelle de la puissance prussienne ? pourquoi ces clameurs, qui feraient croire que Sadowa a enlevé à la France son dernier lambeau de gloire comme son dernier élan de patriotisme ? Pourquoi ces accusations virulentes, quand le bon sens indique que la conduite de l'Empereur en 1866 et avant a été ce que les intérêts nationaux exigeaient qu'elle fût ?...

Pourquoi ? Parce qu'il faut à l'opposition détruire le prestige napoléonien : *Delenda Carthago !*

III.

Nous en avons fini avec les gros péchés de la politique extérieure, fini trop brièvement, mais le cadre de notre travail ne comportant pas de développements considérables, nous avons bien été forcé de mentionner plutôt que d'analyser. Du reste, le simple bon sens, auquel nous n'avons voulu que faire appel, ne peut manquer de suppléer éloquemment aux réfutations d'accusations secondaires que nous avons dû laisser dans l'ombre. Abordons maintenant les fautes capitales de la politique intérieure.

Il est une phrase dont l'opposition tâche de tirer le plus magnifique parti, une phrase qui est tout à la fois son grand cheval de bataille, sa bonne lame de Tolède, —nous allions dire le sabre de son père,— cette phrase est celle-ci :

« Avec un budget de deux milliards trois cents millions. »

S'agit-il d'un article en faveur de l'augmentation du traitement des curés de village ?

Le gouvernement, dit-on, avec un budget de deux milliards trois cents millions, ne sait pas donner un peu de bien-être, une modeste aisance à ces hommes de dévouement et d'abnégation, dont il n'oublie pas cependant de réclamer les bons services à l'époque des élections.

S'agit-il des instituteurs primaires, des facteurs ruraux, des cantonniers, pour lesquels l'opposition, quelquefois, se sent des entrailles de mère ? On songe à mettre les émoluments attribués à chacun de ces fonctionnaires en regard du budget de deux milliards trois cents millions.

Il n'est pas jusqu'au maigre sou du troupier qui ne soit à certaines heures déposé pieusement dans un plateau de balance, pendant que dans l'autre plateau, on jette bruyamment toujours les deux milliards trois cents millions !

Ce n'est pas tout : la statistique et la fantaisie se mêlent souvent de la partie.

Tantôt, elles nous font connaître le rapport qu'il y a entre les secondes écoulées depuis la venue de Jésus-Christ et le nombre de francs composant le budget ; tantôt, elles nous disent combien ces deux milliards trois cents millions, en pièces de cinq francs, alignées à la suite les unes des autres, occuperaient d'étendue sur le tour de la terre

Mais ce que la fantaisie et la statistique ne nous disent pas, et elles s'en gardent bien ! c'est pourquoi le budget a vu grossir ses flancs. C'est qu'il n'est arrivé au chiffre de deux milliards trois cents millions que par suite du développement immense de la prospérité publique. Ce qu'elles ne nous disent pas, c'est que par suite de l'aisance répandue dans les classes ouvrières, et par suite de l'abaissement de la valeur monétaire, le budget actuel est de beaucoup moins élevé et moins onéreux que ne l'était celui de un milliard trois cents million, des dernières années de la monarchie de Juillet. Mais surtout, ce que la fantaisie et la statistique de l'opposition ne ne nous diront jamais, c'est tout ce que les innombrables services publics, tout ce que le pays doivent d'améliorations à ce budget, que l'on affecte de croire la source de tout le mal.

Certainement, il est facile de jouer le rôle de mécontent, de critique quand même ; facile de se faire l'avocat prétendu désintéressé des causes populaires : et quelle cause tient plus au cœur du paysan que la diminution des impôts ! mais la loyauté exige que si l'on passe à la loupe les vices des rouages gouvernementaux, qu'on en passe aussi à la loupe les qualités.

Disons donc :

Si en 1850, à la veille de la proclamation de l'Empire, on avait fait en France soigneusement, consciencieusement l'inventaire du bien-être public, bien-être moral et bien-être matériel, si on avait renouvelé avec le même soin et la même conscience cet inventaire au commencement de 1869, en faveur duquel de ces deux bilans serait l'avantage ?

Chacun de nous peut répondre avec connaissance de cause : le temps que nous prenons ici à parti, n'est pas tellement éloigné qu'il faille, pour y faire le jour, les recherches des bibliophiles et les inductions des antiquaires. N'est-il pas vrai que chaque branche du service public : instruction, grande voirie, vicinalité, agriculture, commerce, marine, armée, télégraphie, etc., etc., a été tellement améliorée que, mise en regard de ce qu'elle était en 1850, elle serait ni plus ni moins que méconnaissable ? Et ces améliorations, à quelle cause les attribuer, sinon à ce budget que l'on fait cependant bouc émissaire d'un malaise de convention ?

Il nous répugne souverainement de croire à la mauvaise foi de l'opposition, de croire les autres moins honorables que nous n'avons la prétention d'être ; pourtant, puisque l'on s'applique à rendre le plus sensible, le plus palpable possible la rotondité du budget, la loyauté n'exige-t-elle pas qu'on ne laisse pas supposer que cette quantité énorme de numéraire, tirée annuellement de tout l'Empire, de la chaumière et des châteaux, ne reste pas entassée à Paris dans quelque labyrinthe, où le gouvernement, autre Minotaure, va journellement se repaître de sa vue.

Si un professeur d'arboriculture tentait de parler uniquement à ses élèves du mouvent ascentionnel de la sève et des organes destinés à pomper les sucs nécessaires à la nutrition et au développement des plantes, pourrait-il croire que sa leçon a été complète ?.. pourrait-il avoir cette satisfaction de conscience que donne le devoir accompli?... Ne devrait-il pas penser, au contraire, que sa tâche lui imposait l'obligation, après avoir montré l'absorption des sucs et l'ascension de la sève, de parler de la manière dont cette sève redescend de la cîme aux racines, et ajoute chaque année au volume de la plante?

Et vous, qui vous érigez ces éducateurs politiques du peuple, quand il vous est arrivé d'avoir indiqué à grand son de trompe le chiffre annuel des impositions nationales, d'avoir dit comment ces impositions arrivent de la chaumière et du palais aux coffres de l'Etat, pourquoi seriez-vous quittes ?... Si vous êtes de bonne foi, comme vous le prétendez, dites donc aussi comment des coffres de l'Etat le budget redescend vers le château et la chaumière la plus modeste ; redescend par ces grandes artères à ramifications innombrables que l'on nomme commerce, industrie, travaux publics ; comment il se transforme en subventions et secours de toutes sortes ; comment il provoque le bon marché des denrées et des étoffes, l'augmentation de valeur de la propriété foncière et mobilière, comment, en un mot, il se manifeste chaque année, par une somme toujours grandissante de bien être dans tout l'Empire !... Si vous êtes de bonne foi, pourquoi dans vos journaux ces articles tronqués à dessein, qui n'oublient cependant jamais de faire la part du lion à la critique haineuse, et font penser aux hommes de saine raison que le bien-être public vous touche beaucoup moins que le violent désir d'ameuter contre le gouvernement impérial les passions populaires ?...

Mais, direz-vous peut-être, nous ne frondons que les abus. Lisez-nous attentivement, et vous vous convaincrez que nous n'avons réellement souci que du droit, de la liberté, de la bonne gestion des deniers nationaux.

Nous avons lu attentivement, et nous sommes au contraire persuadé que le droit n'a été de votre part qu'un prétexte dans l'affaire Baudin ; la liberté, qu'un leurre dans votre défense des meetings de la Redoute et du Vieux-Chêne ; la bonne gestion des deniers nationaux, qu'un mirage, particulièrement en ce qui concerne la transformation de Paris.

L'affaire Baudin!

Si quelque chose doit vous tenir au cœur, c'est de trouver de ces occasions où vos manœuvres puissent s'abriter derrière quelqu'un de ces mots sonores qui sont à eux seuls un drapeau : le Devoir ! l'Humanité ! la Justice !...

Au 2 novembre, vous aviez mis dans vos intérêt un de ces auxiliaires puissants : le Droit !

Aussi, comme vous avez dû être satisfaits ! — Satisfaits de vous, qui aviez composé et monté la pièce, satisfaits des circonstances qui allaient concourir à sa réussite.

Car, si le gouvernement vous laissait libres, par une démonstration sur la tombe du citoyen Baudin, vous travailliez les esprits dans un sens révolutionnaire ; par une souscription, vous comptiez vos adeptes ; s'il entravait vos manœuvres, il vous posait en martyrs — en martyrs du droit, ce qui avait bien aussi sa valeur ! — d'un côté comme de l'autre il recevait un coup terrible. Votre pensée était donc magnifique, et vous avez dû être bien joyeux de l'avoir conçue. A votre place, nous, qui n'avons rien hérité de Brutus ni de Collatin, pas même l'insensibilité classique de leur cœur, nous n'aurions pu nous empêcher, comme le Bobin du *Chapeau de paille d'Italie,* d'embrasser de contentement tous et tout, de la mansarde au sous-sol.

Nous ignorons si votre joie s'est manifestée comme eût fait certainement la nôtre, mais ce que nous savons, c'est que vous sentiez le besoin de n'être pas seuls sur la tombe de Baudin, que vous avez tenu à faire participer à votre bonheur le plus grand nombre possible d'amis.

Vous avez donc, par la voie des journaux, fait connaître qu'il y aurait, le 2 novembre, attendrissement public au cimetière Montparnasse.

On sait comment le gouvernement, qui voyait clair dans votre jeu, a cru devoir interrompre vos manœuvres ; comment vous avez poussé des cris qui avaient l'étoffe de rugissements ; comment des hommes très-considérables, dont le nom était synonyme d'honneur et de vertu, se sont laissé prendre à vos clameurs ; comment aussi vous avez fait appels sur appels au droit et à la légalité.

Voyons un peu si le droit, si la légalité étaient pour vous.

Vous avez dit :

Nous avions l intention d'honorer la mémoire d'un mort, et rien ne s'opposant à ce qu'on se rende à une tombe, quelle qu'elle soit, pour y déposer comme on l'entend un regret ou un souvenir, nous étions dans notre droit au 2 novembre.

Nous vous répondons :

Oui, en allant à une tombe dans la pensée unique d'y déposer un regret ou un souvenir vous étiez dans le droit ; mais est-ce le cas du 2 novembre ? Voyons :
Avez-vous, oui ou non, fait annoncer dans vos journaux

votre intention de rechercher la tombe du citoyen Baudin? y avez-vous donné plus ou moins tacitement rendez-vous à vos amis? avez-vous fait pressentir qu'une démonstration en faveur de ce représenant tué sur une barricade était probable ?... Mais tout cela ne constitue-t-il donc pas une préméditation, un appel? Qu'est-ce donc , sinon une excitation aux passions politiques , une manœuvre tendant à porter à la haine ou à la déconsidération du gouvernement impérial? Le regret et la douleur, le pieux hommage rendu à la mémoire d'un mort n'ont pas de ces allures d'émeute ; aussi, vous avez beau crier au droit et à la légalité violés, il n'est douteux pour personne que vous n'aviez pas plus souci au 2 novembre de Baudin pour lui-même, que l'on n'avait souci, au temps de l'*Avare* de Molière, de marier le Grand-Turc avec la république de Venise. Ce que vous avez voulu tout simplement, le voici : attaquer le gouvernement, affaiblir sa popularité, compter vos adeptes ; réveiller les passions politiques.

Le gouvernement a deviné vos intentions et s'est défendu : si le droit et la légalité sont quelque part, ce n'est certes pas de votre côté.

Le Droit! la Légalité! la Liberté! n'est-ce pas aussi ces mots magiques que l'on évoque pour la défense de ces meetings, où les principes les plus sacrés de la religion, de la famille, de la société sont honnis, bafoués, foulés aux pieds ? Les journaux ont rendu compte de quelques-unes, sinon de toutes, de ces réunions publiques, et l'honnêteté et la conscience se sont révoltées à la lecture de ces théories épouvantables, que n'auraient pas mieux exposées en 1793 les plus fougueux terroristes Hé bien! que le gouvernement vienne un jour à fermer un de ces clubs, et aussitôt certains journaux, au nom du Droit, au nom de la Légalité, au nom de la Liberté, viendront lui faire un crime de sa sévérité. Mais déjà, quand un commissaire de police se voit forcé de dissoudre une de ces réunions, le lendemain, n'entendez-vous pas ces feuilles déplorer que l'autorité se soit trouvée là pour interrompre la remarquable péroraison de l'orateur ? — Oui , remarquable .. par le dévergondage le plus effroyable du langage et de la pensée Si l'éducation politique et sociale du peuple doit se former au Vieux Chêne, à la Redoute, à la Place du Trône, les amateurs d'émotions terribles n'auront bientôt plus rien à envier aux jours les plus sombres de nos discordes civiles. Mais les entraves apportées jusqu'ici au libre fonctionnement des meetings populaires ne sont, par circonspection ou par conviction, attribuées au gouvernement qu'à péché véniel : nous avons promis les gros péchés du second Empire, laissons donc sans trop de regret les clubs socialistes et athées pour les boulevards et les squares de M. Hausmann.

Ici, nous pouvons respirer à pleins poumons, respirer sans rien craindre des miasmes morbides. Le soleil, l'air, la vie nous inondent et nous consolent. L'esprit se repose. Les théories insensées s'envolent comme au réveil les rêves affreux. Ici, l'existence sourit, le doute disparaît, l'âme se retrempe. Quand bien même donc l'on ne considèrerait l'œuvre immense et magnifique de M. Haussmann qu'au point de vue de son influence moralisatrice sur les masses, cette œuvre aurait sa raison d'être.

Et quand on a prétendu que cette œuvre n'avait rien de démocratique, est-ce sérieusement que l'on parlait ?

Quoi ! l'on n'a pas pensé à l'ouvrier quand l'on a fait passer dans ces quartiers humides, boueux, infects, à rues étroites, à air raréfié, à maladies permanentes ces boulevards magnifiques, qui servent pour le moins autant à la salubrité qu'à la circulation ? Quoi ! l'on n'a pas pensé à l'ouvrier quand, en place de ces bouges à murailles suantes, à chambres obscures, à atmosphère viciée, on a construit des logements élégants et commodes, si accessibles au soleil et à l'air pur ?... Et ces squares nombreux, et ces Buttes-Chaumont, qui rappellent tout à la fois Etretat et Fontenay-aux-Roses, que sont-ce donc, sinon d'immenses réservoirs de parfums de soleil, d'air, de jouissance et de vie pour les classes ouvrières ? ..

Vous dites, ces agréments, l'ouvrier les paie avec usure par la cherté des loyers.

Il est vrai que les loyers sont considérablement augmentés, mais le prix de la main-d'œuvre d'ouvrier est-il, lui, resté au niveau d'autrefois ? N'est-il pas doublé souvent, triplé parfois ? Tenez ; adressez-vous à un ouvrier courageux, vertueux, à un de ces hommes qui ne savent pas perdre le temps, ni prélever sur leur labeur journalier la large dîme du vice et de l'inconduite, eh bien ! ce travailleur ne peut manquer de vous affirmer qu'il connaît bien moins qu'autrefois les difficultés de l'existence ; que la bonne qualité et l'abondance des vivres ont doublé pour lui et sa famille ; que leur vie ne se borne plus au strict nécessaire, mais que l'agréable s'y mêle un peu.

Cet argument : l'ouvrier paie avec usure la transformation de Paris, n'est pas sérieux. Et ces millions dépensés pour cette transformation, allez-vous nous crier de toute part, sont-ils sérieux, eux ?...

Ces millions sont la conséquence forcée des travaux exécutés dans la capitale depuis quelques années : si nous parvenons à prouver que ces travaux étaient de toute urgence, nous aurons prouvé, d'après l'axiome : « qui veut la fin veut les moyens, » que ces millions constituent pour le second Empire un péché qui n'a rien de bien capital.

Nous venons de donner en faveur de la nécessité où l'on était de transformer Paris, quelques raisons que nous ne pensons pas sans importance :

La salubrité des quartiers pauvres,

L'élégance et l'amélioration des logements ;

Il est une raison d'une autre ordre, qui peut-être à eu aussi sa part considérable d'influence dans cette transformation.

Rappelez-vous combien le Français et surtout le Parisien a l'âme généreuse, vaillante, impressionnable ; comment vite il s'enflamme jusqu'au dévouement ; comment il se jette tête baissée dans les aventures les plus extrêmes, pour peu qu'on sache lui monter l'imagination, lui mettre sous les yeux un tableau émouvant, fût il de pure fantaisie, qu'on sache faire appel à ses brillantes qualités, qui sont alors des défauts véritables.

Rappelez-vous combien de fois, sous les derniers régimes, des hommes à passions ardentes, à haine violente, mais aussi à adresse excessive ont fait servir les masses populaires à l'assouvissement de leurs rancunes personnelles, ou les ont transformées en piédestal pour leur ambition effrénée.

Cela était d'autant plus facile, que les ouvriers vivaient entassés dans des quartiers à rues étroites, qu'en un clin d'œil on pouvait transformer en tranchées ou couper de baricades.

Et le gouvernement impérial, connaissant le danger, n'aurait pas pensé un peu à loigner cette épée de Damoclès suspendue sur sa tête ?... et il n'aurait pas pris les précautions convenables pour rendre impossible ces émeutes que le pauvre peuple accomplissait au bénéfice d'intérêts qui n'étaient jamais les siens ?... Mais s'il ne l'avait pas fait, il eût méconnu le mandat que les honnêtes gens lui ont donné de veiller sur la société et de ne pas la laisser à la merci des efforts criminels de la démagogie ? Aussi, opposition systématique, nous vous disons :

Vos clameurs ne donneront pas le change à la saine raison : le peuple vrai, le peuple travailleur et honnête, celui qui ne voit pas le bonheur sous la forme d'une tuerie au pied d'une barricade, celui qui ne prétend pas que la paix publique soit laissée à la discrétion de quelques misérables à langage doré, mais à cœur vil et souvent vénal, n'oubliera jamais que l'œuvre de M. Hausmann est bien autrement sociale et humanitaire que ces théories creuses sur une liberté qui ne serait qu'une licence déplorable ; sur une égalité qui ne pourrait manquer d'attribuer immédiatement aux meneurs les gros traitements qu'ils reprochent si souvent aux autres ;

sur une fraternité, beaucoup plus nominative que réelle.
1848 est là pour nous instruire. Il est vrai cependant
que les récents débats du Corps législatif sur les affaires
de la ville de Paris ont établi que tout n'avait pas toujours été rigoureusement légal. Cela ne tombe que sur
le détail et n'incrimine nullement l'urgence ni la beauté
de l'œuvre. Du reste, quelle immense administration
pourrait fonctionner sans qu'il s'y décelât jamais le moindre vice? Et encore M. Hausmann n'a-t-il pas dû obéir
souvent à la nécessité, et ne pas laisser sans ouvrage ce
peuple de travailleurs dont beaucoup ont émigré de la
province et même de l'étranger vers la capitale, sans
avoir établi leurs droits réels à une présentation pour
le prix Monthyon?...

Il nous reste à examiner un dernier péché, le plus
grave, car c'est de lui, on le prétend, que tous les
autres ont découlé : les candidatures officielles. Voyons
un peu s'il est probable que ce péché énorme mérite
l'enfer au gouvernement impérial.

On crie jusqu'à satiété au Pouvoir :

Vous ne pouvez pas être tout à la fois juge et partie.
Si donc vous n'avez réellement en vue que les intérêts
nationaux, comme vous voulez le faire croire ; si votre
gestion des affaires du pays ne s'écarte pas de la légalité, que craignez-vous?... Croyez-nous, restez en de-
hors de la lutte : outre que vous affaiblissez votre prestige, vous laissez soupçonner que le contrôle de vos
actes par des hommes qui vous doivent leur mandat de
juges, est plus ou moins entaché de complaisance.

Cet argument, que l'on affecte de croire irréfutable,
est beaucoup plus spécieux que réel. Certainement, si
les hommes ne voyaient jamais que par les yeux de la
vérité et du patriotisme ; si le parti pris ne venait jamais
fausser leurs appréciations ; certainement, si l'Empire
n'avait que des amis, le Pouvoir aurait tort de conserver les candidatures officielles ; mais en est-il ainsi? Ne
voyons-nous pas tous les jours chacun chercher sous des
apparences d'intérêt général à faire la part de ses am-
bitions ou de ses rancunes? N'entendons-nous pas tous
les jours décrier les actes les plus légitimes, les plus pa-
triotiques de Napoléon III ; présenter la loi sur l'armée
comme une loi de ruine et de dépopulation ; celle sur les
réunions publiques comme un piége? Et, dans de telles
conditions, le Gouvernement pourrait songer à abandonner les candidatures offficielles? Le lui demander,
c'est identiquement la même chose que lui dire : Les
passions mauvaises vont s'ameuter contre vous ; on va
battre en brèche votre puissance, saper les bases de la religion, de la propriété, de la famille ; demeurez tran-
quille, les mains croisées, cela ne vous regarde pas et
n'ayez nul souci de votre avenir ni de celui de la société.

Voilà pour les principes, voilà pour le droit; voici maintenant pour l'application :

Quand le gouvernement juge convenable de recommander un candidat aux suffrages des électeurs, arrête-t-il jamais son choix sur un homme étranger à la circonscription, une de ces plantes exotiques sur la valeur dsquelles il est si facile d'abuser l'opinion?... Non : il procède d'une tout autre manière. Il examine les titres des candidats, enfants nés ou d'adoption de l'endroit ; il s'assure du degré d'influence de chacun dans la circonscription, des garanties qu'ils peuvent donner au point de vue de l'ordre, de la religion, de la société, de la connaissance des affaires du pays ; et, neuf fois sur dix, son choix s'arrête sur le candidat préféré de l'opinion. Et par cela même que le gouvernement sera venu dire comme l'opinion : Voilà un homme considéré à juste titre, qui voudra sans secousses, sans appel aux mauvaises passions, le perfectionnement de l'édifice social : cet homme a mes préférences ; par cela même, disons-nous, ce candidat aura démérité aux yeux du pays : de consciencieux il sera, par suite du baptême administratif, devenu subitement partial, servilement empressé d'approuver quand même les actes du Pouvoir ? D'homme d'honneur, d'homme intègre, il sera descendu au rang le plus vil; il ne sera plus qu'une machine à votes et à applaudissements ?...

C'est l'intérêt de l'opposition de le prétendre, et, à voir depuis quelque temps comment les partis les plus opposés se rapprochent, fraternisent, s'embrassent; comment ils se disent des douceurs, et partent, la main dans la main, les yeux dans les yeux, à l'attaque des candidatures, il est facile de voir qu'elle comprend admirablement cet intérêt; mais il y a un autre intérêt qui n'est pas celui d'une fraction rancunière de l'opinion, c'est l'intérêt public : celui-là ne peut manquer d'absoudre la politique impériale et d'applaudir aux candatures officielles.

IV.

Nous croyons devoir ajouter quelques lignes encore à ce travail si incomplet, afin de répondre par avance à cette question qu'on ne peut manquer, en certains endroits, de nous adresser :

A vos yeux, tout est donc pour le mieux dans le meilleur des empires possibles ?

Nous répondons :

Non ! tout n'est pas la perfection : mais en présence du travail accompli journellement pour le réveil et l'exitation des passions, nous savons que le Pouvoir ne peut immédiatement accorder de nouvelles libertés. Nous avons la ferme croyance que les révolutions violentes n'ont plus leurs raisons d'être ; ces révolutions seraient autant d'arrêts forcés imposés à la civilisation. Ce qu'il faut c'est marcher par l'union, par la conscience, par la vérité, par le patriotisme réel à la conquête du bien-être social et non suivre la route de l'utopie, de la haine, de l'égarement : nous venons de dire pourquoi nous avons écrit les *Gros Péchés du second Empire.*

PAULA DELT.

Extrait du COURRIER DU PAS-DE-CALAIS.

Arras. — Imp. d'Aug. Tierny.
de Sède et Cie, successeurs.